海上丝路的千年"船"说

航海历史文化儿童百科绘本

中外交流记

上海中国航海博物馆
主编

童趣出版有限公司 编   人民邮电出版社出版
北 京

图书在版编目（CIP）数据

中外交流记 / 上海中国航海博物馆主编 ；童趣出版
有限公司编. -- 北京 ：人民邮电出版社，2025.
(海上丝路的千年"船"说 ：航海历史文化儿童百科绘本
). -- ISBN 978-7-115-67821-8

Ⅰ．D829-49

中国国家版本馆 CIP 数据核字第 20255HQ527 号

主　　编：上海中国航海博物馆
责任编辑：郭丹丹
责任印制：邵　超
封面设计：韩木华
排版制作：固安卓艺苑文化传媒有限公司

编　　　：童趣出版有限公司
出　　版：人民邮电出版社
地　　址：北京市丰台区成寿寺路 11 号邮电出版大厦（100164）
网　　址：www.childrenfun.com.cn

读者热线：010-81054177　　　经销电话：010-81054120

印　　刷：优奇仕印刷河北有限公司
开　　本：787×1092　1/12
印　　张：3.83
字　　数：70 千字

版　　次：2025 年 7 月第 1 版　　2025 年 7 月第 1 次印刷
书　　号：ISBN 978-7-115-67821-8
定　　价：48.00 元

前 言

地球表面约70%的面积是海洋。海洋是生命的摇篮，是人类拓展生存空间、加强相互交往的重要途径。中华民族对海洋的探索可谓源远流长，中国古代造船业的发展脉络更是绵延了数千年悠悠岁月，承载着无数的智慧与传奇。

时光荏苒，让我们回到距今约8000年的远古时代。那时，长江下游那片广袤且钟灵毓秀的土地，孕育了独树一帜的跨湖桥文化。就在这片充满神秘色彩的文化遗址之中，有一项重大发现震惊了世人——一艘保存完整的独木舟！它是迄今为止人类历史上发现的早期航海见证者之一，无声地诉说着那个遥远时代人们对江河湖海的好奇与探索。

自秦汉时期起，中国古代造船业便踏上了蓬勃发展的征程，历经隋唐、宋元这两个波澜壮阔的发展阶段，造船技术不断精进。直至明朝，中国古代造船业迎来了它的辉煌巅峰，一套严谨规范且行之有效的造船管理体系已然形成。与之相伴的，是造船技术与造船工艺实现了质的飞跃，达到了当时世界前所未有的高度。郑和就曾率领规模宏大的船队，浩浩荡荡地完成了七下西洋的壮举，在我国古代航海史上留下了浓墨重彩的一笔。

为纪念郑和下西洋的壮举，经国务院批准，交通运输部与上海市人民政府筹建了我国第一家国家级航海博物馆——上海中国航海博物馆，旨在弘扬中华民族灿烂的航海文明和优良传统，建构国内、国际航海交流平台，为上海国际航运中心营造良好的文化氛围，同时，培养广大青少年对航海事业的热爱。在这里，我们不仅可以寻访我国悠久的航海文明，还可以体验从古至今航海科技的进步，一起开启中华民族向海而兴、向海图强的历史篇章。

2025 年，是郑和下西洋 620 周年。上海中国航海博物馆和童趣出版有限公司携手，在中国远洋海运集团有限公司的支持下，联合推出了这套"海上丝路的千年'船'说：航海历史文化儿童百科绘本"。本套绘本共包含 4 个分册，分别从船只营造、册封出使、航海技术和历史交往 4 个方面，讲述了中华文明历史长河中航海事业的波澜壮阔。那是中华民族在陆上丝绸之路之后，大规模经由海洋向世界伸出的友好臂膀；那是万里海路见证的中国人的意志、智慧，以及领先世界的航海科技；那是不屈不挠的航海精神和磅礴汇聚的航海力量。那一叶叶帆影，将为小读者们开启一扇扇探索航海的窗口。

衷心感谢参与创作的文字撰写者和插画师，是他们妙笔生花，让古老的航海故事重焕生机，等待着小读者们用眼睛去旅行，用心去感受。

愿每个翻开这套绘本的孩子，都能化身小小航海家，从中找到属于自己的奇迹与快乐，并汲取前行的力量，在人生的航道上乘风破浪、扬帆远航！

上海中国航海博物馆

册封舟返航了

　　明朝时期，中国的造船与航海技术位居世界前列，不仅出现了郑和七下西洋的壮举，还构建起系统的海外册封制度，频频派遣册封使前往海外藩属国。这些举措既彰显了明朝的威仪和自信，也有力地推动了海上丝绸之路的繁荣，促进了中国与海外诸国在文化、贸易等方面的深度交流。

　　明嘉靖十三年（1534年），朝廷派遣陈侃担任册封使，远赴琉球国行册封之礼。使团在琉球国驻留数月后，待季风转换，册封舟便扬帆起航，踏上归国之路。

琉球马

腰刀

硫黄

香料

琉球马四肢健壮，步伐稳健，具有良好的负重能力。在琉球国，马被视为财富和权力的象征。据《明实录》记载，琉球国自洪武年间起，便持续向大明朝廷进贡马匹。

硫黄并非普通矿物，它是古代制造火药的重要原料。虽然明朝境内也出产硫黄，但是琉球国拥有天然的硫黄矿，出产的硫黄纯度高、杂质少，因此被大明朝廷视为上等军需物资。

琉球国的特产和贡品

返航前，陈侃婉拒了琉球国王赠送的金银厚礼，但为表友好，他精心挑选了一些当地特产和贡品，准备带回国。这不，机灵的小侍从小海正忙着清点记录各类物品呢！

看着他认真的模样，陈侃不禁问道："小海，这些琉球特产你最喜欢哪个？"

"当然是金楚糕啦！"小海不假思索地答道，"琉球国的糖果和糕点最好吃了。陈大人，您瞧这金楚糕，是用小麦粉、糖和猪油烤制而成的，咬一口酥脆香甜，吃过一次就忘不掉啦！"

甘蔗

陈侃

小海

金楚糕

又叫珍楚糕。早在 15 世纪，琉球王室的御厨就已开始制作这种糕点了。我们可以称它为琉球版的"曲奇"。

琉球漆器

琉球漆器主要沿用了明朝的雕漆工艺，以朱红、黑漆为主，装饰有云龙、缠枝花卉等传统纹样，既实用，又具礼仪功能。这些琉球漆器制作工艺考究，但纹样风格较为粗犷，且尚未采用极具特色的"豚血下地"工艺（用猪血混合生漆调制红色底漆）。

螺壳

螺壳是琉球国具有代表性的海洋贡品之一。它质地坚硬，表面泛着天然光泽，是制作螺钿（diàn）工艺品的珍贵原料。工匠们将螺壳切割打磨后，镶嵌在漆器、硬木家具等物件表面，形成精美的装饰图案。

求仙东渡的徐福

　　册封舟平稳地行驶在大海上，小海倚着船舷发呆。忽然，他眼睛瞪得溜圆，又惊又喜地喊道："快看！那儿好像有仙山！山里会不会住着神仙哪？"

　　陈侃忍俊不禁，说道："那是海市蜃楼。不过说起海上仙山，倒让我想起一个久远的故事。"大家一听有故事，立马围了过来。

　　陈侃清了清嗓子，缓缓开口："秦始皇追求长生不老，方士徐福上书说海上有蓬莱、方丈、瀛洲三座仙山，山上有神仙和仙药。秦始皇大喜，派徐福带领数千童男童女，以及数不清的金银财宝、粮食种子扬帆东渡。可徐福这一去便没了音信，有人说他到了日本，给日本带去了先进的农耕技术、纺织技术……"

历史小知识
中日友谊的奇妙"种子"

徐福东渡的传说在中国和日本民间广为流传，成为两国文化交流的重要纽带。

相传，徐福为日本带去了水稻种植技术，引入了改良的农具和灌溉技术。日本的粮食产量大幅增加，民众告别了饥饿。

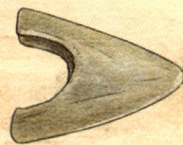

据传，徐福东渡时带去了丝绸织造、麻布纺织及染色技艺，日本民众才能够穿上保暖又美观的衣物。

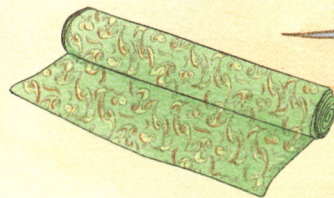

相传，徐福将部分医药知识传入日本，帮助日本民众祛病强身，在日本医学发展史上留下了深刻的印记。

远道而来的大秦使团

自从上次听了陈侃讲的故事，小海一有时间就来找陈侃，想方设法地让他再接着讲。这一天，小海笑盈盈地端来一件刚补好的衣服，忍不住感叹道："这丝绸料子可真好，摸起来又滑又软。"

陈侃眼含笑意地说："当然啦！我们国家的丝绸可是名扬四海的好东西。东汉的时候，就因为丝绸还引发了一段中外交往的故事呢。"这可正中小海下怀，他兴奋地请求陈侃接着讲下去。

"那时，远在西方的大秦（罗马帝国），听闻东方有个神秘又富裕的国度，盛产一种流光溢彩、柔滑无比的丝绸，整个大秦的贵族为之痴迷。于是，大秦便派使团不远万里，漂洋过海，朝着汉朝赶来……"小海听得入神，脑海里全是大秦使团初见丝绸时惊叹不已的画面。

陈大人，您的衣服补好啦！

历史小知识
丝绸是怎么来的？

1. 蚕宝宝吃大餐

蚕宝宝从出生开始就会不停地吃桑叶，大约一个月之后，它们的身体会变透明。这是它们停止进食、准备吐丝的信号。

2. 吐丝结茧

成熟的蚕会找一个安静的地方，从嘴里吐出细细的丝线，把自己一圈圈包起来，形成一个椭圆形的蚕茧。

3. 煮茧抽丝

工匠们把蚕茧放入温水中浸泡，等丝胶软化后，便可从蚕茧中抽出纤细的蚕丝。单个蚕茧的蚕丝可长达千米。

4. 织出漂亮的丝绸

把一根根丝线整理好，像排队一样整齐地绕在斜织机上。随着咔嗒咔嗒的织机声响，很快，漂亮的丝绸就织好啦！

60多岁！比我爷爷的年纪还大，可真不容易。

最早的"航海日志"
——《佛国记》

回过神来，小海注意到陈侃原本是在写着什么，便好奇地凑近问："陈大人，您每天写的是什么呀？"陈侃搁下笔，笑着解释道："这是航海日志，记录着我们一路的见闻，以后翻看，就像重走了一遍似的。"

见小海兴致勃勃，陈侃接着讲道："最早写航海日志的是东晋的高僧法显。他60多岁时，怀着对佛法的赤诚之心，毅然踏上了去往天竺的取经之路，比唐朝的玄奘法师早了两百多年呢。"

●**到达张掖**

法显在张掖停留约5个月，与另外几位僧人会合，并完成夏坐安居（雨季修行）。其间，他们接受当地供养，休整队伍，并规划后续西行路线。

●**出长安**
（今陕西西安）

东晋隆安三年（399年），为了寻求戒律，法显与几位同伴从长安出发，踏上了前往天竺（古代印度）的求法道路。

●**翻越陇山**
（今六盘山南段）

●**到达乾归国**（今甘肃兰州）

● 撰写《佛国记》

法显回国后将自己西行取经的见闻写成了一部不朽的世界名著——《佛国记》。《佛国记》里包含了法显的"航海日志"，其中对印度洋信风规律和远洋航行的系统记载，是中国现存最早的关于跨洋航行的珍贵文献。

● 途经耶婆提国（可能为今印度尼西亚的爪哇岛或苏门答腊岛）

法显搭乘商船途经耶婆提国，滞留5个月后，再次乘船起航，最后抵达长广郡（今山东青岛崂山区北）。

● 进入师子国（今斯里兰卡）

法显离开天竺后，乘船抵达师子国，停留两年，求得多部佛经典籍后，打算从海路回国。

● 终于抵达天竺

法显终于踏入梦寐以求的佛国，成为现存记载中第一个翻越葱岭到达天竺的中国僧人。法显在天竺游历学法，收获颇丰。

"可是陈大人，法显大师不是步行去天竺的吗，怎么会有航海日志呢？"小海疑惑道。陈侃欣慰地笑了："你听得真仔细，法显高僧风餐露宿，走过30多个国家，历经14年才带着真经归国。他去时走的陆路，回来时走的海路。"小海恍然大悟。

● 翻越葱岭（今新疆西部帕米尔高原以及附近山脉）

● 到达于阗（tián）国（今新疆和田）

● 穿越塔克拉玛干沙漠

● 经过鄯（shàn）善国（今新疆若羌）

● 进入敦煌

法显一行人在敦煌停留了一个多月，得到西凉王李暠（敦煌太守）的资助，补充了所需的物资，随后与部分僧人分别，随使者向西行进。

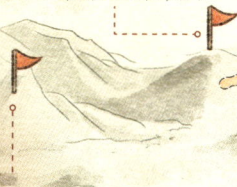

鉴真六渡日本

　　"有西行求法的高僧，也有出海传法的高僧，比如唐朝的鉴真大师。"陈侃继续对小海说道，"当时日本留学僧奉朝廷之命，多次恳请鉴真大师去日本弘扬佛法。鉴真大师被其诚意打动，应下东渡传法之事。他从50多岁开始，历经六次东渡，耗时10余年。前五次，不是遇狂风恶浪，就是遭人为阻拦，均以失败告终。但鉴真大师矢志不渝，最终在66岁时成功抵达日本。到日本后，他带领弟子建起唐招提寺，并将大唐的医药、书法、建筑、绘画等传播了过去。"

历史小知识
鉴真和唐招提寺

鉴真，江苏扬州人，幼年出家，曾在扬州大明寺讲律传法。他在日本10年，带领弟子建成了日本佛教律宗的总本山——唐招提寺。这座承载着中国盛唐建筑风格的寺院，于1998年跻身《世界遗产名录》，成为日本极具影响力的宗教与文化地标。

从非洲海路归国的杜环

过了好一会儿，小海还沉浸在鉴真大师的故事里，眼神里满是敬佩与震撼。突然，他像是想到了什么，皱着眉头说："要是一个人流落在异国他乡了，可怎么办哪？"

陈侃笑着拍了拍小海，说："还真有这样的人。唐朝的杜环，他的经历比故事还传奇。"小海瞪大眼睛，忙问："杜环经历了什么？"

"唐天宝十载（751年），杜环随大将高仙芝西征，在怛（dá）罗斯（今哈萨克斯坦东南部塔拉兹）与大食（阿拉伯帝国）军交战，战败被俘。被俘期间，杜环因学识受到优待。他四处游历，结识学者文人，很快就学会了阿拉伯语，还向当地工匠介绍了中国的造纸技术。"陈侃说得绘声绘色。

嗯，大约11年后，杜环被免去俘虏身份，从埃及红海出发，搭乘商船平安返回了大唐。

后来，杜环顺利回国了吗？

斩竹

浸泡

石灰水沤制

蒸煮

春捣

制浆

抄纸

覆帘压纸

透火焙干

码放

杜环

历史小知识
古代神奇的造纸术

造纸术是中国古代的四大发明之一。西汉时期，人们就已经掌握了造纸的基本方法。东汉时，蔡伦改进了造纸术，开始使用树皮、麻头、破布、渔网等廉价易得的原料，纸张成本大幅降低，质量显著提升。纸逐渐取代简帛，成为人们广泛使用的书写材料。到了唐朝，造纸术进一步革新，人们开始尝试以竹子为原料造竹纸。

海上而来的客人

　　傍晚，天尽头和海面上浮起了漫天的云霞。小海倚着栏杆，回想着之前听的故事，好奇地问道："那唐朝时，有其他国家的人来中国吗？"

　　"当然！"陈侃回答，"唐朝经济繁荣、文化开放，当时很多国家的留学生都来学习技术和文化。其中有一位名叫阿倍仲麻吕的日本留学生，跟着遣唐使团，漂洋过海来到中国。他深慕大唐之风，给自己起了个中文名字——晁衡。后来，他还考中进士，入朝为官，深受朝廷赏识。晁衡学识渊博，人缘也非常好。他常与文人墨客谈论诗文、把酒言欢，大诗人李白和王维都是他的好朋友。晁衡在50多岁时，思乡心切，决定随遣唐使乘船返回日本。谁知，船行到半路，竟遭遇狂风大作……"

　　虽然船只损毁、人员大量伤亡，但是晁衡幸运地存活了下来，并历经艰险返回了长安，最终留在了大唐。

　　晁衡遭遇风暴后，发生了什么？

20

就在小海听得入神之际，呼呼！暴虐的台风袭来，册封舟开始剧烈晃动……

当时传闻晁衡在海上遇难，李白听后十分悲痛，专门作诗一首寄托哀思。

哭晁卿衡

［唐］李白

日本晁卿辞帝都，征帆一片绕蓬壶。
明月不归沉碧海，白云愁色满苍梧。

水密隔舱漏水了

　　忽然，册封舟发出刺刺的声响。主桅杆被狂风吹得剧烈摇摆。火长（类似现在的船长）死死抱住舵杆，大喊："落半帆！快！稳住船身！"

　　陈侃在舱中也被颠得站立不稳，立刻派人唤来火长。火长脸色煞白，说道："大人，风浪太大，船板被浪拍裂了，恐怕已经进水！""立刻查看，全力抢修！"陈侃厉声道。

　　不一会儿，水手慌忙来报："有两个船舱漏水了！"火长当机立断："所有人分头行动！先堵漏再排水！"经过一番奋力抢救，险情总算得到缓解。真是有惊无险！

船工们循着水声查到漏水点，随后迅速使用破布旧絮堵住了裂缝，减缓船舱进水。

水密隔舱设计巧妙，一个船舱进水，其余的船舱不会受到影响。

陈大人，航海太凶险了！幸好有水密隔舱。

三名舵工此刻正努力操控船舵，试图稳住船身，并随时听候火长的指令调整船行驶的方向。

舱（niàn）匠正在用木锤将舱料（由苎麻、桐油、石灰或蛎灰调和而成）锤打进缝隙，并在重要位置钉进钉子加固。

23

徐兢奉使高丽

　　方才的惊险让小海心有余悸，陈侃缓缓说道："海上常遇风浪，古人留下不少应对智慧，水密隔舱就是一项非常了不起的发明。除了造船技术，我们的航海技术也很先进，像指南针、航海图这类工具，在宋朝就派上过大用场。"

　　"宣和年间，徐兢奉命出使高丽（今朝鲜半岛境内）时就遇到过惊险。"陈侃接着讲道，"他们的船队在海上遭遇风暴，连船舵都被风浪折断了。幸好船舶坚固、船员航海技术娴熟，最后他们才平安返航。这些事，徐兢在《宣和奉使高丽图经》里都写了呢！"

历史小知识
"神舟"行万里

　　徐兢的船队规模宏大，由2艘"神舟"和6艘"客舟"组成。神舟是宋朝官方督造的使节座船，体形庞大，装饰华丽。客舟是官府征调的民间海船，虽规模不及神舟大，却同样制作精良。

　　据《宣和奉使高丽图经》记载，客舟布局考究：前舱安装炉灶与水柜，下面供士兵居住；中舱分成4个空间；后舱是官员居所，雕梁画栋，上有竹篷，下雨时才打开。神舟的构造与客舟相似，规模是客舟的3倍，在水波上浮动时如同山岳，引得众人围观赞叹。

马可·波罗记录东方

小海一直有个疑问萦绕在心头，他迫不及待地向陈侃请教："陈大人，我们的航海技术这么厉害，其他国家也有吗？"

陈侃微笑着，缓缓说道："其他国家当然也有自己的长处。中外交流自古以来持续不断，我们的文化、技术也随之传播。有个叫马可·波罗的外国人，他出生于威尼斯商人家庭，自幼听闻东方神秘富庶。17岁时，马可·波罗怀着好奇与憧憬，随父亲和叔父踏上了东行之路，历时4年，抵达元朝上都（今内蒙古正蓝旗）。后来，他游历各地，在繁华的都城、秀美的江南都留下了足迹。相传，他回到家乡后，逢人便讲东方的奇景与智慧，勾起无数人对东方的向往。"

小海若有所思："我明白了，正因为有像马可·波罗这样的人，我们和其他国家才能增进了解。"

历史小知识
《马可·波罗游记》

在中国生活的17年里，马可·波罗的足迹遍布大江南北。用泥土烧制精美瓷器、用树皮造纸并印制纸币、用黑色石块（煤炭）作燃料，以及依靠驿站构建的高效通信网络等，这些令他惊叹的事物都由马可·波罗口述，并由他人整理记录在《马可·波罗游记》中。这部著作成为了欧洲了解东方的一扇窗。

民间航海家汪大渊

"我以后也要像马可·波罗一样，去海外各地游历，写一本航海趣闻！"小海满眼期待地说。

"这样的人早就有啦！也是在元朝，有一个叫汪大渊的人，他堪称民间航海传奇。汪大渊出生于商船云集的南昌，少年时就对大海充满向往。19岁那年，一艘商船招募船员，汪大渊果断报名，开启首趟远航。每到一处，众人忙着交易瓷器、丝绸，他却更关注各地的风土人情，记录新奇事物。比如他在《岛夷志》中记载，有一个'方头国'，人们从小就用木板夹脑袋，把脑袋夹成方形的；还有个地方，男女都剃光头，人们以芭蕉为食，煮海水制盐，用来交换粮食……"

小海听得入了迷，仿佛跟着汪大渊在海上游历，见识了一个个风俗奇特的地方。

●龙涎屿（今印度尼西亚苏门答腊岛附近，可能为布拉斯岛）

这是一座方形的平坦小岛，上面荒无人烟，因出产龙涎香而得名。晴天时，成群的抹香鲸会在附近的海域喷水嬉戏。它们分泌的涎沫（肠道分泌物）漂浮在海面，形成一种稀奇的香料——龙涎香。附近的渔民会划着独木舟来采集龙涎香，用作交易。

● **真腊**（今柬埔寨境内）

汪大渊在当地看到了贵族的奢华生活：据记载，宫殿的墙壁用金子装饰，椅子上镶嵌着珠宝玉石。真腊气候温暖，田地富饶，出产很多好东西，如犀牛角、孔雀。

● **麻那里**（可能位于今非洲东部或澳大利亚北部）

根据《岛夷志》记载，这座岛屿上生长着大量树木，周围都是海水。海岸边堆积着大量牡蛎，形成了山丘。当地有一种神奇的鸟类（汪大渊称之为"仙鹤"），一听到人拍手，就会展翅起舞。当地还出产骆驼，人们用骆驼运输重物。

宝船

即"运宝之船"，主要用于运输贸易货物、朝贡物品和赏赐礼品。大号宝船作为郑和船队的旗舰，供指挥人员、使团人员及外国使节乘坐。

郑和主力舰队

除了旗舰宝船外，还有以下类型：

战座船 船队中的大型护航主力战船，为军士指挥人员及幕僚乘坐。

战船 船型比战座船小，主要承担船队护航及海上作战任务。

马船 又称马快船。作为多功能运输舰，主要用于运送军马和军械。船体狭长，航速较快，兼负情报传递和作战功能。

粮船 负责运输粮食和后勤物资，确保船队沿途能得到充分的补给。

后勤支队

水船 为专门贮藏、运载淡水用的辅助船。

近海中型交通船
大八橹

近海中型交通船
二八橹

近海小型交通船
六橹

郑和七下西洋：波澜壮阔的航海传奇

　　"前面就是我们大明的港湾了！"小海大喊道。船员们欢呼着冲上甲板，陈侃也从船舱内走了出来。望着久别的国家，陈侃心中感慨万千，向大家讲述起本朝的航海传奇。"当年郑和大人曾率领200余艘海舶，携20000余名官兵匠役，先后七次下西洋，帆影蔽日，威风凛凛。声势浩大的船队里，不仅有庞大的宝船、护航的战船，还有马船、粮船、战座船和水船。船上人员分工明确，有使臣、随行军士、航海技术人员、厨役、通事（翻译）、买办（负责采购供应）、能工巧匠，等等。"

　　"郑和大人所率领的船队，满载着我朝的优质丝绸、官窑瓷器、经史典籍、上等的药材和茶叶、漆器等各类物品，以及大量的金银货币，先后前往了30多个国家和地区。"陈侃接着讲道。

"麒麟"远航

"郑和船队每到一处,都会把带去的珍贵物品慷慨赠送,表示友好,也宣扬咱们大明的国威。他们还会与当地人进行贸易,并带回许多奇珍异宝,如花福鹿(斑马)、珊瑚、珠宝,还有象征祥瑞的'麒麟'。"陈侃讲得绘声绘色。"'麒麟'是什么呀,陈大人?"小海赶忙追问。

"这是一种脖子很长的珍奇动物。传说,当年郑和船队经过麻林地(今非洲东岸肯尼亚的马林迪一带)的时候,听到当地人叫它'基林'。我们的使臣一看,形态如此奇特,都以为见到了神话中的'麒麟',便把它作为贡品带回国,献给了皇上。"陈侃说。

后来,榜葛剌国(今孟加拉国和印度西孟加拉邦一带)也派使臣来中国进贡"麒麟"(长颈鹿),更添一段中外交流的奇闻佳话。

海风轻拂，册封使团在海上航行数日后，终于回到了大明的海港。陈侃不负使命完成了对琉球国的册封，为中琉友好谱写了新的篇章。

自古以来，无数航海者以生命为舟，以信念为帆，开辟出一条条文明交汇的海上航路。他们不屈不挠的航海精神如不灭的灯塔，激励着一代又一代人扬帆远航。

连通东西方的开拓者们

东汉著名的军事家、外交家，是史学家班彪的幼子。班超投笔从戎，出征西域，击退匈奴及西域部分国家联军，恢复汉朝对西域的统治，被封为"定远侯"，世称"班定远"。他经营西域31年，使张骞开凿、后受阻绝的丝绸之路重新畅通，恢复、发展了汉朝与西域的贸易，也大大促进了东西方的文化交流。

张骞

班超

西汉杰出的外交家、探险家。张骞奉汉武帝之命，先后两次出使西域，开辟了举世闻名的丝绸之路，打开了中国与中亚、西亚及欧洲等地交往的大门，促进了东西方政治、经济、文化的交流与融合。

义净

常骏

唐朝著名高僧、海上丝绸之路的杰出文化使者。俗姓张，齐州（今山东济南）人。咸亨二年（671年），从广州启航，前往印度，开创了不同于玄奘陆路西行的"海上求法之路"。他在外游历20多年，足迹遍布30多个国家，最终携带约400部梵本经论回国。

隋朝著名的航海家、外交使节。隋大业三年（607年），他奉命出使赤土国（可能为今马来半岛南部与苏门答腊之部分），这是隋朝与赤土国正式外交的开端。此次出使促成了两国互派使节，并带动南海诸国与隋朝的政治、贸易往来，推动了海上丝绸之路的发展。

隋唐著名的外交家、政治家。隋炀帝时期，他奉命经略西域，驻守张掖，主持互市贸易，广泛搜集西域情报，撰成《西域图记》。该书详细记载了以敦煌为起点的北、中、南三条西域通道，极大地促进了隋朝与西域的商贸往来。

裴矩

唐朝高僧、丝绸之路文化交流的杰出代表。玄奘沿着陆上丝绸之路西行求法，历时约17年，途经100多个国家和地区。他一路弘扬传播大唐文化和佛法，并带回多部佛经，极大地促进了中外文化交流。他是我们熟悉的《西游记》中唐僧的原型。

玄奘

唐朝的航海家、外交使节。贞元元年（785年），他奉唐德宗之命，率使团从广州启航，经南海、马六甲海峡，沿印度洋沿岸航行至黑衣大食（阿拉伯帝国阿拔斯王朝）。这是唐朝官方首次派出的航海外交使团，此次出使促进了东西方海上交流，比郑和下西洋早620年。

杨良瑶

杨庭璧

元朝的外交家、航海家。他奉元世祖忽必烈之命，多次率船队出使南海及印度洋诸国。他的外交活动促成多国遣使朝贡，推动了元朝与南亚、东南亚的政治与贸易往来，为海上丝绸之路的繁荣作出了重要贡献。